Scarlatto Negrentino

Du schon
Ein Trostbrief in 20 Kapiteln

scaneg

Herbert Achternbusch

Duschen
Zwanzig Tuschen

München

CIP-Kurztitelaufnahme der Deutschen Bibliothek

Achternbusch, Herbert:
Duschen: 20 Tuschen/Herbert Achternbusch. – München:
scaneg, 1988
    (edition scaneg; 8)
    Enth. außerdem: Du schon/Scarlatto Negrentino
    ISBN 3-89235-508-8
NE: Negrentino, Scarlatto: Du schon; GT

edition scaneg 8
Konzeption: Matthias Klein

© scaneg Verlag 1988
Alle Rechte vorbehalten
Fotos: Wolfgang Pulfer/Münchner Stadtmuseum
Satz: Lore Mayer, Augsburg
Herstellung: Fritz Steinmeier, Nördlingen

1

Atomgefahr

1

Als wir beide damals die Leere überflutet haben, und du jetzt weit weg in der Ferne bist; als vor langer Zeit die Ordnung bei uns herrschte, und ich die Stärke in der Ordnung bewunderte; als ich alleine blieb, und über alle gleich die Gesetze herrschen sollten; als ob es aber auch anders sein könnte: Hab keine Angst Bambinone. Wir waren die Ersten, und ich bin der Letzte und ein Lebendiger. Ich war tot, und jetzt lebe ich bis in die Ewigkeit der Ewigkeiten. Denn ich habe die Schlüssel des Todes und der Hölle gesehen. Es war ein Sturmwind. Er kam vom Osten her mit einer großen Wolke und einem Feuerwirbel, der wie ein Leuchten glänzte, wie Schwefelpech; mitten in dem schwarzen Feuer sah ich eine vielfratzige Gestalt, ihr Aussehen hatte Ähnlichkeit mit einem Menschen. Sie hatte Menschenknochen unter ihren Flügeln, die das Zeichen des Sieges kreuzten. Die Kreatur ging und ging und drehte sich nicht um. Wohin zu gehen der Geist sie trieb, da ging sie auch hin. Und dieses Lebewesen sah aus wie Feuerkohlen, die wie tote Fackeln flammten. Als ich mich näherte, erkannte ich unter diesem Wesen eine Kugel, aus der die Farbe wich. Und oberhalb der Fratze war etwas wie ein Himmel, ein Aussehen wie von wunderbarem Eiskristall. Und das Flügelrauschen des Wesens, das ich hörte, war wie ein Kriegsgetümmel. Und oberhalb des Himmels über der Fratze sah ich ein leeres Throngebilde mit schwefelpechschwarzem Leuchten. Und eine Stimme sprach: wer den Tod anstarrt, dem grinst er entgegen. Und der schwarze Nebel machte sich breit und die Farbe entfloh.

2

Schöne Kuh

Ich sagte: störe meine Kreise nicht, ich will sehen. Ich wollte sehen und ich sah. Erinnerst du dich? Wir waren damals in jeder Hinsicht rein. Immer äußerst korrekt und in jeder Hinsicht rein. Wir drückten dies in einem etwas übertriebenen Reinlichkeitsfimmel aus. So wie wir immer in allem bis zum äußersten korrekt waren, so waren wir immer im höchsten Maße rein und sauber. Wie mußt du dich jetzt unrein fühlen, Bambinone. Wenn das Gefühl hochsteigt, daß deine Zellen schmelzen, Haare welken und die Fruchtbarkeit des göttlichen Lebens verbleicht. Harmonisch wollten wir sein, alle Streitigkeiten zugunsten eines glücksähnlichen rosaroten Nichts neutralisieren. Nun will ich dir Trost spenden. Deine Hoffnung will ich dir stärken, damit du ein keimendes Etwas in dir bergen kannst, das für dich alleine da ist. Wenn du es umsorgst, wird es wieder deine Welt mit farbenträchtiger Pracht überfluten. Deine Hoffnung will ich dir stärken, auch wenn manchmal meine Verzweiflung den Umständen eher angebracht erschiene. Das Wissen steht auf der einen Seite der Wahrnehmung, die Selbsterhaltung als einziges Gesetz auf der anderen Seite. Erfrage deine eigene Identität und wisse, wir Menschen als Teil einer Risikogruppe sind gefährdet wie alles andere auch.

3

Die Mutation beginnt mit Köpfen

3

Ohne daß die anderen es merken, entstehen in deiner Abgeschiedenheit immer wieder Gedanken, die sich mit dem Sterben und dem Totsein beschäftigen. Ist nicht das Totsein der Zustand, wo Leib und Seele getrennt sind, ganz für sich allein? Was ist schon der Leib, eine vergängliche Masse ohne Dauer. Die Seele aber kann schon vor dem Tod erblühen. Der Leib bereitet uns unendlich viele Schwierigkeiten, schon wegen der Notwendigkeit seiner Ernährung. Wenn erst noch irgendwelche Krankheiten dazu kommen, dann hindern auch sie unsere Jagd nach Wissen und Wahrheit. Dieser Leib läßt uns nicht zur Vernunft kommen, denn er erfüllt uns mit Liebesverlangen, Begierden, Furcht, sogar mit allerlei Illusionen und sonstiger Torheit. Wenn wir suchen und uns irgendeiner Betrachtung hingeben, dann stört er, verwirrt und erschreckt uns. Kriege und Schlachten, sie haben keine andere Ursache als den Leib und seine Begierden. Deshalb müssen wir uns von ihm lösen, um allein mit der Seele Erkenntnis zu erlangen. In deiner Abgeschiedenheit kannst du die Erlösung und Befreiung deiner Seele erreichen. Du wirst erhaben werden über deinen Körper. Keine Verseuchung wird dies ändern.
Erstens: Werden Tatsachen festgestellt, die zum Auftreten einer übertragbaren Krankheit führen können, oder ist anzunehmen, daß solche Tatsachen vorliegen, so trifft die zuständige Behörde die notwendigen Maßnahmen zur Abwendung der dem einzelnen oder der Allgemeinheit hierdurch drohenden Gefahren.

4

Hüpfen kannst du aber nicht davon

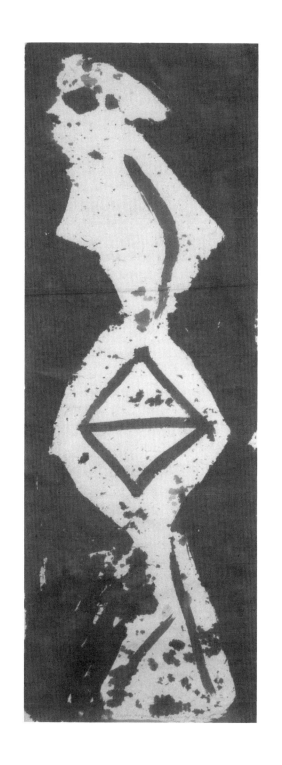

Aber muß es denn immer unbedingt Verseuchung sein? Muß nicht jeder merken, wie es um ihn steht, der es nur merken will? Du hast es rechtzeitig bemerkt und Vorsorge getroffen, das wird uns allen helfen. Viele sind aber in einer Weise überrascht worden, die uns bislang fremd erschien. Das Böse überrascht uns stets aufs Neue, obwohl es eigentlich nur ein einziges Böses ist, worunter wir leiden. Es ist immer dasselbe Verbrechen, das ununterbrochen und an jedermann begangen wird. Wir bleiben jedoch stumm, lassen alles über uns ergehen und schämen uns unseres unwerten Lebens. Nein, es genügt nicht, nur zu existieren, du mußt auch darauf aufmerksam machen, du mußt für jedermann ersichtlich Wirkungen zeigen. Denn wer wirkt, der kann nicht tot sein, sondern zeigt Wege des Besseren auf. Viele wird dies stören, was dich nicht davon abbringen darf. Wenn Störung lebensnotwendig ist, dann muß Störung sein. Wenn Störung die Revolution ist, dann muß die Revolution sein. Denn das Neue ist immer das Bessere. Kämpfe also gegen die Verseuchung und für das Leben. Zweitens: In diesen Fällen sind die Beauftragten der zuständigen Behörden und des Gesundheitsamtes zur Durchführung von Ermittlungen und zur Überwachung der angeordneten Maßnahmen berechtigt, Grundstücke, Räume, Anlagen und Einrichtungen sowie Fahrzeuge aller Art zu betreten und diese sowie sonstige Gegenstände zu untersuchen oder Proben zur Untersuchung zu fordern oder zu entnehmen.

5

Wär ich doch tot

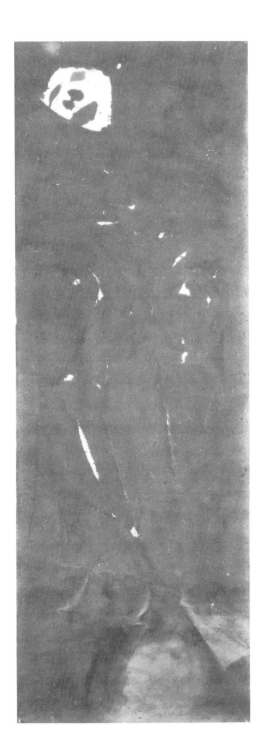

Ich höre dich schreien. Ich höre dich sagen, daß alle endlich mal richtig geduscht werden und auch andere Kleider bekommen sollen. Ich höre dich wehklagen, weil du schnell die Falschheit der Duschen und die Giftigkeit der Gase erkannt hast. Ich höre dich fragen, wofür diese Spritze gut sein solle; ich höre, wie dir geantwortet wird, daß es einfache Beruhigungsmittel sein sollen, damit man besser einschlafen könnte. Wenn man nicht weiß, was da passiert, dann schläft der Betreffende. Ich höre, wie man dir einflüstert, daß dies keine ästhetischen oder ethischen, sondern rein fachliche Fragen sind. Ich höre, wie sich die Henker rühmten, drei Menschen in einer Minute abzuspritzen, das sei preisgünstig, einfach anzuwenden und absolut zuverlässig, wenn die Spritze in die Herzkammer eingeführt wurde. Ich höre die Frauen vor Schmerz schreien, nachdem sie eine ätzende Substanz in den Muttermund bekommen haben, um die Eileiter zu verkleben. Ich höre, wie sie dir stumm bedeuten, daß die Spritze in die Hand des Arztes gehört. Ich höre, wie du erstummst angesichts der Gewebeschäden aufgrund permanenter Strahlenüberdosis. Ich höre bis zur Taubheit von diesem medikalisierten Töten und erschauere über die Maßlosigkeit des Vernichtungswillens.
Drittens: Die Grundrechte der körperlichen Unversehrtheit, der Freiheit der Person, der Freizügigkeit, der Versammlungsfreiheit und der Unverletzlichkeit der Wohnung werden im Rahmen der vorigen Punkte eingeschränkt.

6

GEFESSELTE

Gewöhne dich an den Gedanken, daß der Tod uns nichts angeht. Er wird dich umschleichen, er wird dich umschmeicheln, er wird dich zu lähmen trachten. Aber er geht dich nichts an. Die tödliche Strahlendosis, so wird man dir sagen, wird das Bikini-Atoll für achtundvierzigtausend Jahre verseucht lassen und deshalb müßtest du in der Ferne interniert werden. Bevor du nicht dein Kainsmal, den Schilddrüsenkrebs vorweisen kannst, solange bleibst du ein menschliches Meerschweinchen, allein mit der Zeit, die wie ewig verrinnt, eine Sekunde für einen Tag, ein Tag für ein Jahr, achtundvierzigtausend Jahre bis zum zurückgewonnenen Paradies. Man wird dir sagen, das Nervengas auf der Insel Johnston wird ausreichen, uns alle dreißigtausendmal umzubringen, dich, mich, uns alle. Nur werden Zahlen nichts aussagen, sie bleiben unbekümmert in der Ecke stehen, achtlos für jeden, der sie anstarrt, und du wirst nicht begreifen können, was die grauenvolle Zahl 137 bedeutet. Mist, Dung, Plutonium Dung. Vitamin Caesium. Denn alles Gute und Schlimme beruht auf der Wahrnehmung. Der Tod aber ist der Verlust der Wahrnehmung. Denn im Leben gibt es für den nichts Schreckliches, der in echter Weise begriffen hat, daß es im Nichtleben nichts Schreckliches gibt. Gewöhne dich an den Gedanken, daß der Tod uns nichts angeht. Denn solange wir existieren, ist der Tod nicht da, und wenn der Tod da ist, existieren wir nicht mehr. Dieses und was dazugehört, überdenke Tag und Nacht in dir selber. Dann wirst du niemals, weder im Wachen noch im Schlafen, beunruhigt werden, und du wirst unter den Menschen leben wie ein Gott.

Viertens: Müssen Gegenstände entseucht, entwest, entrattet oder vernichtet werden, so kann ihre Benutzung und die Benutzung der Räume, in denen sie sich befinden, untersagt werden, bis die Maßnahme durchgeführt ist.

7

VERSEUCHTE

Laß dich nicht beunruhigen. Es ist alles nicht so schlimm. Atme tief durch. Ich sage dir, viele unken vorsätzlich das Ende herbei. Du bist durch deine Ferne in Sicherheit. Meide den Kontakt jener, die davon sprechen, der Tod jedes einzelnen Menschen ist der Tod aller Menschen, und der Tod aller Menschen ist der Weltuntergang. Was wissen die denn, wie es wirklich ist. Sei lustig. Sei ununterbrochen lustig, es hat etwas Universelles. Wer lustig ist, vergeht nicht. Und wenn uns die Krankheit alle betrifft, so biete ihr die Stirn. Und wenn das Verglühen im Angesicht der Sonne, das Verlöschen im Schatten des Mondes sich zur übernationalen Epidemie ausweiten sollte, laß dich nicht beunruhigen. Übrigbleibt vielleicht nur verseuchter Abfall, der seine Umwelt belastet. Was kümmert dich das, du wirst nichts davon bemerken. Beachte nicht die erhobenen Zeigefinger dieser Dirnen, die sich Zutritt zu dir unerlaubterweise verschafft haben. Sie können deinen Schmerz mit keiner Arznei lindern, sondern möchten dich mit dem süßen Gift der Zersetzung nähren. Sind sie es doch, die mit dem unfruchtbaren Dorngestrüpp der Leidenschaften die fruchtreife Saat der Vernunft ersticken, die der Menschen Seelen an die Krankheit gewöhnen, nicht sie davon befreien.
Fünftens: Trinkwasser sowie Wasser für Betriebe, in denen Lebensmittel gewerbsmäßig hergestellt oder behandelt werden oder die Lebensmittel gewerbsmäßig in den Verkehr bringen, muß so beschaffen sein, daß durch seinen Genuß oder Gebrauch eine Schädigung der menschlichen Gesundheit, insbesondere durch Krankheitserreger, nicht zu besorgen ist.

8

Eine Frage: Leb ich noch

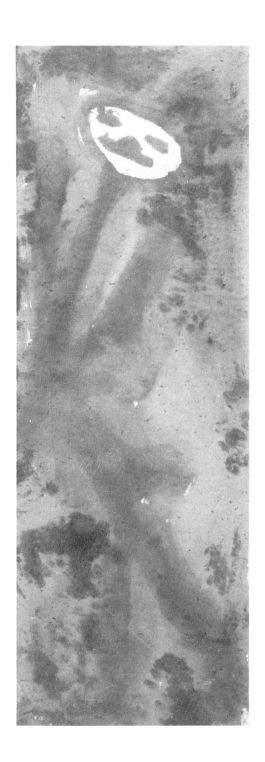

Die Gesundheit wird zusammengehalten durch das Gleichgewicht der Kräfte. Höre mich an: das Feuchte und Trockene, das Kalte und Warme, das Bittere und Süße. Wenn das eine oder andere Übergewicht bekommt oder gar eine Alleinherrschaft antritt, entsteht Krankheit. Sie entsteht durch Übermaß oder Mangel an Speisen. Sie entsteht im Blut, im Mark oder im Hirn. Manchmal entstehen aber auch hier Krankheiten infolge bestimmter Wasser, durch eine bestimmte Gegend, durch Überanstrengung oder durch Not. Das alles ist klar ersichtlich und kann dir nur helfen, wenn du gewillt bist, dem Streben des Gegensätzlichen nachzugeben, um zur Harmonie zu gelangen. Nichts kann so schlimm sein, daß es nicht zur Einheit gelangen könnte. Vergiß die pechschwarze Nacht, die grauen Nebel, die sich durch alle Ritzen breit machen. Das Ganze und das Nichtganze gehören zusammen, aus allem wird eines und aus einem alles. Gewordenes und Ungewordenes, Sterbliches und Unsterbliches, Lebendiges und Totes. Der Kreislauf zirkuliert, das eine wird durch Verwandlung das andere, und in neuem Wechsel wird dieses wieder zu jenem. Der Weg aufwärts und der Weg abwärts ist ein und derselbe. Es ist schön, über den Dingen zu stehen und gleichzeitig die Häßlichkeit von unten zu erkennen.

Sechstens: Die Gemeinden oder Gemeindeverbände haben darauf hinzuwirken, daß Abwasser, soweit es nicht dazu bestimmt ist, auf landwirtschaftlich, forstwirtschaftlich oder gärtnerisch genutzte Böden aufgebracht zu werden, so beseitigt wird, daß Gefahren für die menschliche Gesundheit durch Krankheitserreger nicht entstehen.

9

Atomgemütlichkeit

Siehst du nicht auch, wenn im Nichts einer Zeit die Schranken sich öffnen? Wie harmlos sind sie doch, die kleinen Atome. Sie sind zwar in Aufruhr, aber durch ihre Ungleichheit werden sie im leeren Raum herumgetrieben. Bei ihrer Bewegung stoßen sie zwar zusammen, aber was macht das schon? Sie verflechten sich zu einer derartig engen Verbindung, daß sie untereinander ganz nahe zusammengeraten. Du kannst sie sehen, schau sie dir doch an, wie harmlos sie sind: immer wenn das Licht der Sonne als Strahlen sich im dämmrigen Dunkel der Häuser ausbreitet, wirst du viele winzige, in vielfacher Art sich vermischende Körper in der Leere des Lichts sehen, wie sie im ewigen Streit in Schlachten und Kämpfen keine Ruhe geben, ständig mit Trennung gequält sind und wieder eine neue Vereinigung anstreben. Du vermagst daraus zu schließen, was es heißt, daß die Atome unter der großen Leere leiden. In wunderbarer Weise bewegt, werden sie von versteckten Schlägen getrieben, ändern den Weg, werden zurückgeworfen und richten sich bald hierhin, bald dorthin. So steigen sie langsam empor und treten allmählich in unsere Sinne, so daß wir sie im Lichte der Sonne zu sehen vermögen. Und ihr heiteres Leuchten erfreut uns mit großer Bestimmtheit. Aber nicht einzeln bewegen sie sich im Körper der Hitze, sondern sind verknüpft unter sich und schließen sich zu einem mächtigen Ball zusammen, der zu einem ergreifenden Naturschauspiel für unsere Sinne wird, ein übergroßer Pilz entsteht, der eine ästhetische Harmonie ausstrahlt.
Siebtens: Zur Schädlingsbekämpfung dürfen Krankheitserreger, durch die übertragbare Krankheiten beim Menschen verursacht werden können, nicht verwendet werden.

10

Halb Kuh
Halb Hahn
Halb Mann
Ganz Frau

Bedenke: Eng ist der Weg, den die Sinne, greifend am Körper entlang, zurücklegen. Vieles Erbärmliche dringt auf sie ein, das stumpft die Gedanken. Wisse: Alles hat Verstand und Anteil am Denken, aber wir stillen unsere Ruhelosigkeit hier auf Erden durch die stürmischen Winde, die durch uns fegen, die uns weitertreiben und uns außer Kontrolle geraten lassen. Und tief unten, wo der Streit mit dem Wirbel der Liebe kämpfte, da tritt allmählich alles zusammen, vermengt sich, um nur noch ein Einziges zu werden, so daß der Streit zum äußersten Ende weicht. Vieles steht noch unverbunden in der Austauschbarkeit der Mischung, die sich durch den schwelenden Streit nicht verfestigt. So entsteht langsam das sterbliche Wesen, das vordem noch unsterblich war. Ihm entströmen mannigfaltige Formen, die durch Groll verschiedengestaltig und spältig werden. Halslose Backen, nackte Arme irren umher, Augen flackern allein, einzeln schweifen die Glieder umher und suchen Verbindung. Doch der Dämon ringt mit dem Dämon, so daß die Liebe, die alles eint, schwächer wird. Wesen brechen sich Bahn, schleppfüßig wie Kühe und zahllos mit ihren Händen. Viele auch mit doppelter Brust und doppeltem Antlitz, Kuhgeschlecht mit menschlicher Brust, und wieder entsprießt ein Menschengeschlecht mit Ochsengehörn, Mischwesen, halb männlich, halb aber auch mit beschattetem weiblichen Gliede versehen.

Achtens: Die Entnahme von Mageninhalt oder Galle, von Rückenmarks- oder Gehirnflüssigkeit sowie alle operativen Eingriffe und solche Eingriffe, die eine allgemeine Betäubung erfordern, dürfen nur von Ärzten und nur mit Einwilligung des Betroffenen vorgenommen werden.

11

Wer fragt wann

Geh nicht weg - hör mich an - geh nicht weg - stirb nicht. Wir sind noch lange nicht am Ende. Es hat Zeit. Nein, es gibt kein Ende, es gibt nur die Unendlichkeit. Laß dir nicht einreden, du habest selber Schuld an deiner Lage. Beachte den klugen Kopf nebenan nicht, der uns weismachen will, woraus den Dingen das Entstehen komme, dahinein geschehe ihnen auch der Untergang nach der Notwendigkeit. Das sind Philosophen, das sind Realitätsentwerfer, die mit unserer Wirklichkeit nichts zu tun haben können. Wir stehen betroffen in der Ferne und suchen Schutz in der kleinsten Mauerritze. Wir lassen uns nicht einreden, wir hätten Schuld auf uns geladen, nur weil wir einfach da sind. Wir sind da und haben den Drang, weiter dazubleiben. Wir müssen sogar im Dasein ausharren, was wäre sonst die Welt ohne uns? Die anderen sagen, wir müßten einander Sühne und Buße zahlen, für unser Unrecht nach der Ordnung der Zeit. Weil wir durch unser Beharren die Ankommenden daran hindern, ins Dasein zu gelangen, deshalb müßten wir untergehen. Als ob die Zeit eine Rolle spielen könnte, als ob das Unendliche ein Alter hätte. Es ist ohne Tod und unvergänglich. Stirb nicht - jetzt nicht. Es ist noch nicht die Zeit dafür.

Neuntens: In das Impfbuch ist in geeigneter Form auf zweckmäßiges Verhalten bei Eintritt eines Impfschadens hinzuweisen.

12

Mißgeburt feminin

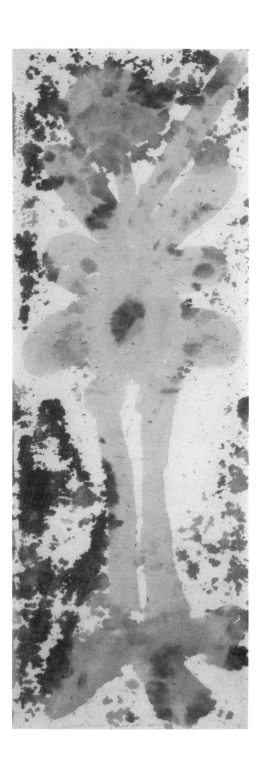

Ich teile deine Meinung, daß das Gehirn die größte Macht im Menschen hat. Denn dieses ist für uns der Deuter der Dinge, die die Luft ihm zuträgt, vorausgesetzt, er ist gesund. Und die Denkfähigkeit verleiht ihm die Luft. Die Augen und Ohren, die Zunge und die Hände und Füße tun das, was das Gehirn erkennt. Das Gehirn ist der Künder der Erkenntnis. Aber du mußt mir sogleich antworten, ob du wirklich so gesund bist, wie ich es dir wünsche. Vielleicht ist dein Gehirn erhitzt, weil das Blut in Wallungen zum Gehirn dringt und es zum Kochen bringt. Sicherlich hast du ein böses Menetekel zu sehen geglaubt, und deshalb bist du in Todesangst. Du weinst zuviel. Wenn du durch Weinen nicht in der Lage bist, rasch Atem zu holen, schaudert der Körper. Du kannst nicht sprechen und kriegst keine Luft. Dein Atem stockt und dein Gehirn zieht sich zusammen, das Blut steht still und nur die Säfte sondern sich ab. Du brauchst jetzt einen Arzt, der sein Leben und seine Kunst stets lauter und rein bewahren möchte. Der zu den Kranken nur in dem Bewußtsein eilt, ihre Behausung unter Meidung jedes wissentlichen Unrechts und Verderbens zu betreten. Der dir keine Arznei gibt, die den Tod herbeiführt, auch dann nicht, wenn du ihn darum bittest.

Zehntens: Ein Impfschaden liegt vor, wenn mit lebenden Erregern geimpft wurde und eine andere als die geimpfte Person durch die Erreger einen Gesundheitsschaden erleidet.

13

Fast normale Miß

Schau dir den Himmel an. Blau. Nur eine kleine graue Spur. Sonst nichts. Fast alles normal. Die graue Spur bist du. Seitdem wir krank sind, geht es uns besser. Seitdem wir wissen, können wir erkennen. Da dein Leben getötet wurde, erschaue den Tod als wirkliches Leben. Das Blut war die Wahrheit, und angesichts der Wahrheit versankst du ins Nichts. Aber dort tummeln sich die anderen und denen geht es auch nicht besser. Und wer ihnen hilft und die schwarzen Flecken diagnostiziert, ist entweder über jeden Verdacht erhaben oder hat etwas zu verbergen. Der Arzt sollte soviel wie möglich Gutes bewirken und nicht dem Kranken schaden, da die Krankheit schon von selbst genügend für den Schaden sorgt. Von allen Krankheiten sind es die akuten, die am häufigsten tödlich verlaufen und am meisten mit Schmerzen verbunden sind, so daß es ihnen gegenüber der größten Umsicht und der sorgfältigsten Pflege bedarf. Und behandelt der Arzt seinen Kranken richtig, so ist es nicht seine Unterlassung, wenn dieser doch der Wucht der Krankheit zum Opfer fällt. Nur bei falscher Behandlung oder im Falle des Nichterkennens der Natur des Leidens trifft ihn die Schuld. Wenn wir dann nochmals den Himmel sehen und Blau nicht mehr von Grau unterscheiden können, dann werden wir eben an unserem Leiden zugrunde gegangen sein, ohne je Gelegenheit gehabt zu haben, einen anderen Aspekt des Lebens zu erfahren als den des Zugrundegehens. Die Welt ist so, und anders kann sie gar nicht sein.

Elftens: Zur Anerkennung eines Gesundheitsschadens als Folge einer Impfung genügt die Wahrscheinlichkeit des ursächlichen Zusammenhangs.

14

Am richtigsten bist du als Verkehrszeichen

Sag deinen Peinigern, daß sie der Natur nicht Gewalt antun sollen, allenfalls könnten sie sie überreden. Es ist schon von Übel, dich weit weg in Zwang zu kasernieren, aber es besteht kein Zwang, unter Zwang zu leben. Und wie sehr deine Krankheit ansteckend sein mag, wie sehr du deine Umwelt durch deine schiere Anwesenheit belasten mögest, es gibt keinen Grund für ein derartiges Verhalten. Bei den meisten Menschen ist die Ruhe nichts als Erstarrung und die Bewegung nichts als Raserei. Deshalb gibt es so viele Leidtragende. Du bist das Symptom für jene, die diesen Ball, Erde genannt, eigentlich schützen sollten. Du bist das lahmgewordene letzte Rad am Wagen, und auch deine Peiniger müssen irgendwann einmal erkennen, daß der Wagen unübersehbar ins Schlingern geraten muß, wenn die Räder gebrochen sind. Die Menschen müssen den Geist in dem Kerker des Körpers zurückhalten, damit er sich nicht völlig verselbständigt, damit die menschliche Aufgabe, die Bewahrung von Mensch und Natur, nicht aus den Augen gerät. Ja, sogar wenn jene Generation der zukünftigen Menschen das Lob eines jeden von uns den Nachkommen der Reihe nach weitergeben wollte, können wir dennoch wegen der Überschwemmungen und Verbrennungen der Erde, die zu bestimmter Zeit eintreten müssen, nicht nur keinen ewigen, sondern nicht einmal einen lange dauernden Ruhm erreichen. Der Mensch steht in der Mitte zwischen den Göttern und der Natur. Er kann sich nach beiden Seiten neigen und einige gleichen sich der einen, einige der anderen an, wieder andere bleiben dazwischen, und das ist die Menge.
Zwölftens: Ergibt sich oder ist anzunehmen, daß jemand krank, krankheitsverdächtig, ansteckungsverdächtig, Ausscheider oder ausscheidungsverdächtig ist, so stellt das Gesundheitsamt die erforderlichen Ermittlungen, insbesondere über Art, Ursache, Ansteckungsquelle mit Ausbreitung der Krankheit an.

15

EIN FAUN TUT NOT

Wie sich gegen die Unvermeidlichkeit wehren, wenn Geist und Wille versagen? Raff deine Begierden und Affekte zusammen, laß deine Sinne willenlos sprechen, denn darin liegen die Keime des Lebens und der Natur. Die Begierden machen zwar ungern irgendwo halt, und sie drängen weiter ins Grenzenlose, aber wer vermag uns den Lebensweg zu zeigen, wenn alles in uns abfault? Viele nennen es das Schlechte und das Böse in uns, aber der Geist allein wäre machtlos angesichts derartiger finsterer Gewalten, denen wir begegnen. Der Geist hat schon längst kapituliert, währenddessen unsere Kraft erst durch die Begierden freigesetzt werden kann. Sind sie stark und ungebrochen, dann kannst du jede Internierung fliehen, dann kannst du jede Kette sprengen. Narkotisiere dich mit Begierde, denn dann erfährt dein unempfindlich gewordenes Wesen neues Leben, aus dem scheinbaren Tod wird die schönste Wiedergeburt. Geh an den Ort, der gar nicht existiert, leih dir die Werkzeuge des sinnlichen Handelns aus der dunklen Tiefe des Inneren, wo die Glut noch unkontrollierte Maßlosigkeit entfachen kann. Du wirst sehen, die Vernichtung des großen, unübersehbaren Makels, der uns an dem Körper wie klebriges Pech anhaftet, wird einem reinigenden Bersten weichen, voller Energie und Leuchten. Aber hüte dich: sie werden kommen und dich einen entarteten Menschen heißen.
Dreizehntens: Tierische Schädlinge im Sinne dieser Vorschrift sind alle Tiere, durch die nach Art, Lebensweise oder Verbreitung Krankheitserreger auf Menschen übertragen werden können, soweit die Tiere nicht vom Tierseuchenrecht erfaßt sind.

16

Viele Narren machen einen Strauß

Hör dir die Geschichte an, wie erstmals die Angst überwunden wurde: Als das Leben der Menschen noch schmählich darnieder lag, zusammengeduckt unter lastender Furcht vor dem obersten Herrscher, der sein Haupt aus den himmlischen Gevierten prahlerisch steckte und mit schauriger Fratze herab den Untergebenen zusah, da hatte ein einfacher Bewohner es gewagt, seine sterblichen Augen zu erheben und mit Eifer dagegen aufzutreten. Weder irritierte das Raunen der obersten Kaste ihn, noch vermochten die drohenden Blitze und der donnernde Himmel ihn zu beunruhigen. Mit dem scharfen Mut seines Geistes begehrte er glühend, die dichten Riegel zum Tor der Vernunft aufzubrechen. Ohne nennenswerte Schwierigkeiten überwand er das Hindernis und er schritt weiter hinaus in die flammumlohten Felder des Landes, dessen unendliche Weiten er tapfer durchstreifte. Von dort brachte er die Erkenntnis zurück, daß die Macht eines jeden Herrschers begrenzt ist, daß sie von den Menschen selbst gesetzt wurde, und irgendwo tief in uns selbst der verwurzelte Grenzstein liegt. Und der einfache Bewohner erkannte, daß die Furcht vor dem Herrschenden unter dem Fuß liegt und zerstampft werden muß, wenn der Sieg der Untergebenen bis zum Himmel emporgehoben werden soll. Die Furcht vor dem Herrscher, die öfters Frevles und Böses verursacht hatte, war für ihn beendet. Sähen alle Menschen ein sicheres Ende ihrer Leiden, so wären sie in einer Weise mächtig, abergläubischer Angst zu begegnen. Da es aber nicht so ist, bleibt die Angst der Untergebenen so groß, auch deshalb, weil die Menschen vieles im Lande sehen, dessen Gründe sie auf keine Weise erkennen können und es auf herrscherliches Walten zurückführen. Wenn wir aber gesehen haben, daß nichts aus nichts entstehen kann, dann werden wir unser Ziel richtiger schauen, ohne die Herrschenden zu bemühen.
Vierzehntens: Kommt der Betroffene den seine Absonderung betreffenden Anordnungen nicht nach oder ist nach seinem bisherigen Verhalten anzunehmen, daß er solchen Anordnungen nicht ausreichend Folge leisten wird, so ist er zwangsweise durch Unterbringung in einem abgeschlossenen Krankenhaus abzusondern.

17

Ein Mann allein steht

Vielleicht bin ich es, der von dir getröstet werden muß, denn ich fühle mich so matt und hilflos wie du. Wir beide sehen uns gegenüber, auch wenn du so weit weg bist. Ich sehe deine Umrisse, ich sehe dein Gesicht, und wenn du noch hunderte von Jahren leben solltest, bedenke trotzdem, daß niemand ein anderes Leben verliert als das, das er lebt, und daß er auch nicht ein anderes lebt, als das, das er verliert. Der längste Zeitraum kommt auf dasselbe heraus wie der kürzeste. Auch ist der gegenwärtige Augenblick für alle gleich, genauso das, was verlorengeht. Weder Vergangenheit noch Zukunft verlierst du, denn wie könnte man dir nehmen, was du nicht hast. Wer am längsten lebt und wer am schnellsten sterben muß, der verliert das gleiche. Es ist das Jetzt, der gegenwärtige Augenblick allein, dessen du beraubt werden sollst. Und wenn du nichts mehr hast, keinen Körper, keinen Geist, keine Seele, dann stehst du so verloren da, daß noch nicht einmal ich dir helfen kann, obwohl ich mir zugute halten muß, mich so in deine Lage hineinversetzt zu haben, daß ich mir vorkomme, als sei ich du oder du ich. Und da wir uns alle gegenseitig schänden, Körper, Geist und Seele, wachsen uns übergroße Geschwülste im Inneren empor, die an die Oberfläche treiben. Dort verteilen sie sich, schrumpfen und weiten sich in immer schnellerem Rhythmus, bis du dastehst, unbeweglich, ohne Zorn und Liebe, zerfließend in Form und Gestalt, vertrocknet und verstaubt, verweht und entschwunden. Das Leben ist Krieg und Aufenthalt eines Fremden: alles Körperliche ist ein Fluß, alles Geistige ein Ruck im windstillen Äther der Vergessenheit, alles Seelische ein Traum und Wahn.

Fünfzehntens: Wer schwer ansteckende Krankheiten verbreitet oder zu verbreiten sucht, wird mit Freiheitsstrafe von sechs Monaten bis zu fünf Jahren bestraft, soweit nicht die Tat in anderen Vorschriften mit einer schwereren Strafe bedroht ist.

18

Eine Frau allein tanzt

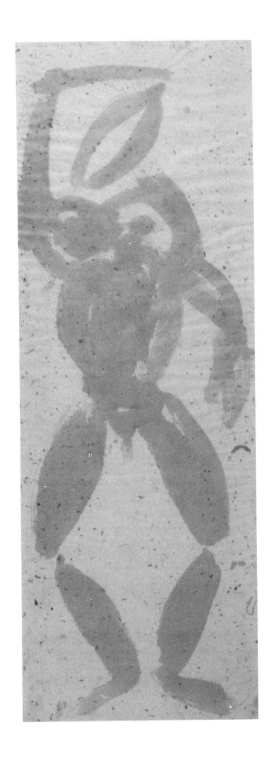

tanze tanze tanze. Tanze. Was immer das ist, was ich bin, Fleisch ist es, Staub ist es, Fleisch ist es und Impulse, Hauch, Impulse. Weg mit der Theorie, weg mit den Büchern, ich plage mich nicht mehr damit ab. Als ob ich jetzt vergehen werde, so werde ich das Fleisch verachten: es ist Blutgerinnsel, Knochen und Fasern; aus Sehnen, Venen und Arterien ein Geflecht. Ich schaffe mir meine Vorstellungen von dir und der Welt, weil ich jede Tat und jede Zeile, als wäre sie die letzte des Lebens, vollbringe, entfernt von jedem Ziel und jeder leidenschaftlichen Hinwendung zu der Bestimmung der Vernunft. Im Gedanken an die Möglichkeit, gleich jetzt aus dem Leben zu scheiden, alles tun, sagen und denken. Alles. Wie rasch alles verschwindet, in der Welt die Menschen, in der Ewigkeit die Erinnerung an sie. Nichts Erbärmlicheres gibt es als die Wesen, die alles im Kreise herum durchgehen, die Tiefe aufspüren und die Vorgänge in der Seele des Mitwesens durch Vermutung erforschen, aber nicht bemerken, daß es genügt, einzig bei seinem inneren Dämon zu verbleiben und diesen aufrichtig zu ehren. Die Ehrung liegt darin, daß er von Einflüssen der Götter- und der Außenwelt bewahrt wird. Wenn ich die Zeit zur Bewahrung meines inneren Dämons nicht verwende, wird sie entschwinden, und ich selbst werde entschwinden, und ein zweites Mal wird es nicht möglich sein, die Zeit zu bemühen. Jetzt werde ich den Tod mit heiterem Sinn erwarten, denn er ist nichts anderes als die Auflösung der Elemente, aus denen jedes Wesen zusammengesetzt ist. Wer sollte die Auflösung der Elemente fürchten? Sie ist naturgemäß, und dies ist nichts Schlechtes. Sie ist naturgemäß und. Sie ist. Tanze. tanze tanze tanze
Sechzehntens: Unberührt bleiben landesrechtliche Vorschriften über das Leichenwesen.

19

IdiotenträumE 1 Vorsicht

Oh Bambinone, alles wird gut werden. Du hast schlecht geträumt. Wer kann dir helfen, die wahren von den falschen Träumen zu trennen? Wenn du deinen Traum nicht leben kannst, dann träum doch wenigstens dein Leben. Wie ist dein Palast der Träume beschaffen? Die wahren Träume, die für die Probleme des alltäglichen Lebens von Bedeutung sind, traten durch die Hornpforte ein, über der eine Kuh Wache hielt. Die falschen Träume, die irreführen sollten, traten durch die Elfenbeinpforte ein, die von einem Elefanten bewacht wurde. Aber Vorsicht: das schwarze Ungeheuer war auf der roten Seite, wieviel Rot sahst du Bambinone? Die sanfte Frau sahst du auf der blauen Seite, wieviel Blau sahst du Bambinone? Die ganze visionäre Welt läßt sich nicht zugrunde richten, denn sie bringt sich aus sich selbst unaufhaltsam neu hervor. Erst wenn die Visionen ausbleiben, wird diese Welt von sich aus untergehen, ganz zuletzt, ohne mein, ohne dein Dazutun. Was war wirklich, was hast du im Traum gesehen? Ein Traum in der Schwüle des Sommers, einladend zu jeglichen Kopfgeburten oder einer Fata Morgana im erzitternden Lichte, vorhanden, aber ganz woanders, vielleicht nur in der Zukunft, wo es uns alle hintreibt? Werde dir darüber klar, und du wirst aus der sicheren Ferne, weit weg vom Trubel der Alltäglichkeit die Antworten finden.

20

IdiotenträumE 2 LiebE

Und hast du auch nur eine halbwegs befriedigende Antwort gefunden, dann behalte sie für dich. Wie ich dich beneide Bambinone! Ich stelle mir vor, daß du wachen Auges erkennst, wie es um uns steht. Ich jedoch weiß es nicht. Mir scheint, Träume haben keine zukunftsverkündende Kraft, sondern sie entstehen, wie das plötzliche Einfallen von Bildern entstehen kann: sie sind da, und dann sind sie wieder weg, wie das Leben. Einige Bilder sind bereits zu Anbeginn beendet, wie das Leben, das bereits mit der Geburt sich dem Tode nähert. Ich sehe sie jetzt ganz deutlich, deine Antwort, deine Lösung, dein Leben. Bambinone! Das Leben braucht keinen Sinn, um gelebt zu werden. Je weniger Sinn es hat, um so besser wird es gelebt. Leb es aus, dein ganzes Inneres, leg es den anderen zu Füßen, dann hast du bereits alle entwaffnet, bevor sie überhaupt an Unfrieden denken können. Ich werde dazu kaum mehr Gelegenheit haben. Du hast die Zeit noch vor dir, die ich bereits hinter mir weiß. Du wirst uns alle überleben.

Alles ist gut. Das Paradies, das innere Paradies: wer von uns beiden wird es noch sehen? Ich nicht. Du schon.